Avant-prop

Chaque mère « débordée » sait que ce mot est encore en dessous de la vérité ! Qu'elles essaient de jongler entre leur travail et leur vie de famille, ou qu'elles s'attaquent à la tâche considérable d'être mère au foyer, les mères ont un travail ardu qui demande énormément de courage, de sagesse et d'amour.

Quand elle s'enlise dans les tâches familiales, une femme peut vraiment perdre sa patience, sa bonne humeur et sa confiance en soi. Elle peut donc avoir besoin de quelques pense-bêtes revigorants :

- Tu es une mère bonne et capable, remplie d'amour et de bons sentiments.
- Élever des enfants peut être une source de grandes joies et d'inspiration.
- Ton époux et tes enfants sont là pour t'aider à rendre le foyer heureux.
- Prends soin de toi-même. Cela te donnera la force de prendre soin de ta famille.
- Dieu est avec toi sur le chemin spirituel de la maternité.

Un temps pour les mères débordées fera entrer ces vérités dans ta maison - même les jours les plus difficiles - et t'aidera à redécouvrir le bonheur incomparable d'être maman !

1

Sois patiente envers toi-même.

Laisse-toi le temps de devenir

la meilleure maman possible.

Élever un enfant est un savoir-faire

qui s'acquiert une expérience

après l'autre.

2

Affirme le droit qu'a chaque mère (y compris toi !) de choisir ce qui lui semble bon. On trouve de bonnes mères au bureau comme au jardin public.

3

Ignore les critiques et les conseils

qu'on ne manquera pas de te donner

sur la façon d'élever ton enfant.

Fais confiance à ton instinct.

Il n'y a que toi qui connaisses

l'ensemble des besoins de tes enfants.

4

Résiste au besoin de te comparer aux autres mères. Dieu t'a donné cette famille-là (et t'a donnée à elle) pour une raison spéciale. Tu as tout ce qu'il te faut pour être une mère pleine d'amour et d'attention.

5

Ris avec tes enfants. Goûte le plaisir d'être avec eux. Par ton exemple, apprends-leur ce que l'humour peut apporter à la vie d'une famille.

6

Pense à donner (et à recevoir) câlins, baisers et caresses. Cherche toujours comment montrer ton amour et ta compréhension.

Les enfants ont besoin de contact (et les mamans aussi !).

7

Donne à tes enfants le droit d'être différents de toi. Écoute-les avec respect, garde l'esprit ouvert. Regarde leur indépendance naissante non comme une menace, mais comme un hommage à ton éducation.

8

Choisis tes combats. Attends-toi à de la rébellion quand un enfant devient plus autonome. À moins que sa sécurité ne soit en jeu, relâche ton besoin de tout contrôler.

9

Ne juge pas ta valeur personnelle
d'après la conduite de tes enfants :
eux aussi sont des êtres imparfaits.
Accepte leurs inévitables erreurs,
ce ne sont que des faux pas sur
le chemin de la croissance. Accepte
tes propres erreurs également.

CARNET DE
CORRES-
PONDANCE

10

Passe des moments privilégiés avec chacun des membres de ta famille. C'est en apprenant à vous connaître individuellement que vous saurez mieux vous apprécier et vous soutenir.

11

Certaines mamans sont parfaites avec les bébés, d'autres savent parler aux adolescents. Recherche ce qu'il y a de bon à chaque âge. Les enfants grandissent tellement vite !
Un jour tu te languiras des instants que tu vis aujourd'hui.

12

Quand la pression monte et que les exigences de tes enfants mettent ta patience à rude épreuve, demande à Dieu de t'aider à contrôler ta mauvaise humeur. Arrête-toi un instant. Compte jusqu'à dix (ou au besoin jusqu'à cent).

13

Sois la partenaire des nounous et des maîtres. Leur savoir-faire professionnel allié à ta connaissance de ton enfant feront de son éducation une aventure heureuse et réussie.

HALTE
GARDERIE
DES ELFES

14

Encourage la communication dans ta famille. Réunissez-vous, parlez à table et à d'autres moments. Aide chacun à exprimer ses besoins et ses inquiétudes. Tu pourras ainsi éviter que de petits problèmes ne se développent en crises ingérables.

15

N'oublie pas d'exprimer tes propres besoins. Les mères débordées deviennent facilement des martyres - travailler quand les autres se reposent, nettoyer, ranger, prendre soin de tout et de tout le monde... Apprends à demander de l'aide.

CHOSES À FAIRE

Il y a moins de tensions et plus d'esprit de famille quand l'environnement est agréable. Répartis équitablement les tâches ménagères. Quand tout le monde travaille ensemble pour le bien de tous, la famille est plus heureuse.

17

Laisse toute la famille t'aider à faire les courses, à planifier les repas et à les préparer. Tout cela devient plus amusant et plus créatif quand tu ne fais pas tout toute seule, jour après jour !

18

Les activités scolaires et extra-scolaires de tes enfants sont déjà un travail à plein temps. Ajoutes-y tes propres activités et tes journées deviennent impossibles. Faites une réunion de planification toutes les semaines. Ainsi tu sauras qui va où, et quand.

Calendrier familial
Danse
foot
encore foot
parents d'élèves
dentiste
Opera
Piano
Flute

19

Garde du temps et de l'énergie pour ton mari. Le plus beau cadeau que des parents puissent faire à leurs enfants c'est de leur montrer qu'ils s'aiment. Passez du temps « rien que tous les deux » et gardez le contact avec vos amis d'avant.

20

Si les conflits viennent à mettre en danger l'harmonie et la paix de la famille, demandez conseil. C'est un acte de courage. Et vos enfants verront que vous n'avez peut-être pas toutes les réponses mais que vous avez la volonté de résoudre vos problèmes.

CONSEILLER
FAMILIAL

21

Tu cherches toujours comment faire plaisir à tes enfants, mais prends donc toi aussi le temps de te faire plaisir. Offre-toi une « journée de luxe » : séance chez le coiffeur, shopping... Pomponne-toi et redécouvre ta féminité.

VALLON des ELFES
SALON de BEAUTÉ

22

Passer du temps avec d'autres mamans te donnera de l'assurance dans ton rôle de mère. Détendez-vous ensemble : allez voir un film, allez au restaurant, faites une excursion.

23

Sache demander conseil à des mères expérimentées. Une femme qui s'est trouvée dans ta situation peut t'aider à retrouver ton équilibre et à répondre à tous les défis.

24

Une fois de temps en temps, fais-toi plaisir. Tu as bien mérité de profiter des bonnes choses de la vie. Que tu aimes manger du chocolat, acheter des chaussures ou faire la sieste... Vas-y !

25

Résiste au besoin de surcharger tes journées de corvées, d'engagements et de responsabilités. Planifie quelques « moments de repos » pour rêvasser, lire, et faire les choses que tu aimes.

Maintiens-toi en forme. Sois fière de garder un équilibre et de donner à ta famille un style de vie raisonnable.

27

Le bénévolat c'est super, mais
attention à ne pas trop t'engager !
Réserve-toi le droit de dire non.
Si dans un moment de faiblesse
tu as dis oui, réserve-toi le droit
de changer d'avis.

Aa Bb Cc
Maman
de garde

Fais de la prière une priorité.

Souviens-toi : Dieu a une grande

expérience des enfants

qui n'en font qu'à leur tête !

29

Les moments de solitude sont essentiels pour ta santé mentale. Ménage-toi un moment et un espace où tu pourras simplement être toi-même. Une maman solide est une maman heureuse.

30

Ne laisse pas un excès de souci et d'angoisse t'enlever la joie d'être mère. S'inquiéter pour la sécurité de la famille ne devrait pas être un travail à plein temps. Apprends à tes enfants à prendre soin d'eux-mêmes, ensuite fais confiance à Dieu pour les protéger quand ils sont loin.

31

Aide les membres de ta famille

à faire la différence entre leurs

besoins et leurs envies. Enseigne-leur

la valeur de la gratitude pour tous

les bienfaits qu'ils reçoivent.

EN
OLDE
100
25
PRO
MO
TION
PRO
MO
TION

Fais tiennes les traditions qui illuminent ta vie et enrichissent ta foi. Laisse tomber les soucis qui transforment les occasions de bonheur en moments de stress. Privilégie les joies simples qui ont le plus de sens pour ta famille.

33

Gagne en sagesse en observant

la nature, les phases de la lune,

les oiseaux et toutes les créatures

qui prennent soin des leurs.

La maternité est la nature dans

son aspect le plus miraculeux.

34

Embrasse la maternité comme un privilège et la famille comme un précieux don de Dieu. Quand une journée semble trop banale, repense à ta vie d'avant les enfants. Apprécie les surprises qu'ils apportent chaque jour.

35

Attends-toi à ce que la maternité
soit exigeante, mais souviens-toi
que la récompense sera généreuse.
Tes enfants sont un pont de joie
et d'espoir vers le futur. Les graines
d'amour que tu plantes aujourd'hui
germeront et donneront des fruits.

36

Prenez le temps de savourer les souvenirs que vous avez en commun. Regarder des films, des photos de bébés et se remémorer les années écoulées nourriront le sentiment familial.

37

Fais des plans avec tes enfants,
parlez ensemble de leur avenir.
Nourris-toi de leur optimisme et
de leur idéalisme. Anticipe le bonheur
de les voir réaliser leurs rêves
les plus chers.

COLLÈGE des ELFES
Université d'ELFORD

38

Si tu aimes tes enfants tous les jours
comme les êtres merveilleux qu'ils
sont, tout le reste trouvera sa place.
L'amour est ce qui compte le plus,
et ce qui demeure.

Meilleure Maman
J' ♥ Maman

Dans la même collection

1 Un temps pour être bien dans sa peau
2 Un temps pour tenir debout
3 Un temps pour le pardon
4 Un temps pour le jeu
5 Un temps pour l'amitié
6 Un temps pour ton anniversaire
7 Un temps pour Noël
8 Un temps pour vivre en couple
9 Un temps pour le deuil
10 Un temps pour le travail
11 Un temps pour prier
12 Un temps pour prendre soin des autres
13 Un temps pour décompresser
14 Un temps pour la famille
15 Un temps pour être encore mieux dans sa peau
16 Un temps pour se simplifier la vie
17 Un temps pour les mères débordées
18 Un temps pour la gratitude
19 Un temps pour une retraite heureuse
20 Un temps pour s'entendre avec les gens difficiles
21 Un temps pour supporter la solitude
22 Un temps pour se remettre d'un divorce
23 Un temps pour vieillir avec sagesse
24 Un temps pour bien manger et être en forme

Reproduit et achevé d'imprimer en octobre 2004 par l'Imprimerie Floch à Mayenne
N° d'édition : 11354. D.L. : novembre 2004. N° d'impression : 61248. Imprimé en France